_____'s

write your name

Kids' Guide to Playing the PIANO AND KEYBOARD

BY ⊁ EMILY → ARROW

About the Author

Emily Arrow is an award-winning childrens' songwriter on a mission to inspire a young generation through the joy of music. A popular YouTube personality, Emily's kindie music albums are now a family music sensation with #1 songs on *SiriusXM's Kids' Place Live*! Emily began her career as a K–6 music teacher after earning her music degree at Berklee College of Music. She is the author of multiple books for young people, including *Kids' Guide to Learning the Ukulele* (Happy Fox Books).

Emily and her ukulele, Bow, tour bookstores and venues around the country to help young people navigate big feelings **the "Arrow" way**: through art, with heart. When she's not on the road, Emily splits her time between Nashville, Los Angeles, and Portland, Oregon. And she loves to go on walks with her rockstar rescue dog named Laika (who makes an appearance on page 66!).

Find more resources and play along to the songs by visiting *www.EmilyArrow.com*.

Kids' Guide to Playing the PIANO AND KEYBOARD

Learn 30 Songs in 7 EASY Lessons

BY EMILY ARROW

PHOTOGRAPHY BY ALEX CRAWFORD

Happy Fox
BOOKS

A special thank you to Kristin Cifelli who taught me to find and share my own voice.

Kids' Guide to Playing the Piano and Keyboard is an original work, first published in 2023 by Fox Chapel Publishing Company, Inc. Reproduction of its contents is strictly prohibited without written permission from the rights holder.

ISBN 978-1-64124-336-0 (paperback)
ISBN 978-1-64124-362-9 (spiral)

Project Team
Managing Editor: Gretchen Bacon
Acquisitions Editor: Amelia Johanson
Editor: Christa Oestreich
Designer: Wendy Reynolds
Tech Editor: Chad Young

To learn more about the other great books from Fox Chapel Publishing, or to find a retailer near you, call toll-free 800-457-9112 or visit us at *www.FoxChapelPublishing.com*.

We are always looking for talented authors. To submit an idea, please send a brief inquiry to acquisitions@foxchapelpublishing.com.

Fox Chapel Publishing makes every effort to use environmentally friendly paper for printing.

Printed in China

Image Credits
All author photography by Alex Crawford
The following images are credited to Shutterstock.com and their respective creators: used throughout: Aepsilon (watercolor background), Alano Design (stars), Fourleaflover (bursts around heads, hands, text), Istry Istry (music notes), maak (music notation); front cover: Julia August (music notes), Pixel-Shot (boy inset), Solntca (colored keyboard), Twinsterphoto (main image), VALUA VITALY (girl inset); pages: miniaria (6 girl playing piano), graphic-line (7), Anthony Correia (10 Billy Joel), asantosg (10 pianos), Everett Collection (10 Mozart), Mazur Travel (10 Elton John), murciof (10 electric keyboard), Nicku (10 Beethoven), hudoi.baran (12, 82 spider), VALUA VITALY (16 model), lesyauna (20–25 microphone), Malenkka (20–25 wave), Nutkins.J (20–25 glue), Iegorova Olesia (29, 30 bear), Drawlab19 (29, 31 mice), Monkey Business Images (32 models), Roman Samborskyi (33 model), Matiushenko Yelyzaveta (35 rabbits), Olha Saiuk (37 birds), Twinsterphoto (41) Denis Cristo (43 soccer game), FamVeld (47, 63), GoodStudio (50 book), SkyPics Studio (65 oar), elroyspelbos (69 hands), Monstar Studio (74 model), cosmic_pony (76 acorn), Seregam (78 pizza), New Africa (85 model), Colorlife (88 ghost), tn-prints (88 pumpkin), StockBURIN (90–91 party hats), Dragon Images (92 models), mhatzapa (92 illustration), Pixel-Shot (93), Azindianlany (95 roar), IrynMerry (95 dinosaur), vvvita (98 model)
Designed by Freepik: rainbow (14)
Designed by Canva: hands (used throughout), frog (used throughout), cloud (used throughout), unicorn (56), rainbow (used throughout), shh symbol (62, 74)

Hello! Hello!

I'm Emily Arrow (she/they), and I love to learn, play, and teach music.

The piano is a special instrument to me because I started learning how to play the piano when I was 6 years old. Sometimes, learning to play the piano felt simple and smooth, but other times it was a really big challenge. I'm so glad I kept practicing, though, because playing piano is now one of my favorite things to do in the whole wide world. I love how magical it is to push my fingers down on the keys and hear the most beautiful sounds! When I'm playing piano, I feel relaxed and inspired. And whenever I see a piano, I'm grateful that I can play it and share my love of music with my friends and community. Have you ever spotted a piano in a café or at school? Or maybe even outside in a park for everyone to play?

How To Use This Book

There are 7 simple and fun lessons in this book, and you can learn at the speed that works best for you. A way that works great for many students is learning a new lesson each week for about 7 to 10 weeks. So, if you're learning at home or with a teacher as your guide, this book will most likely take you about 2 to 3 months to complete.

If you're excited to learn piano, this book will help you play **the Arrow way** . . . with colors and rainbows! I love rainbows. They remind me that even if things are feeling rainy or cloudy, something beautiful could still happen. And because there are lots of colorful ways to express yourself through music, I think rainbows are a special way of helping you learn to play the piano too!

In this book, you'll get to sing and play songs quickly by learning the 7 colorful piano keys. Then, you'll learn to create and play the first 4 Rainbow Chords: C, F, G, and **A minor** (Am). You'll even be ready to perform your own mini piano recital by the end of the book! People who play the piano are called **pianists**. Are you ready to become a pianist too?

If you haven't already, check out my first two books: *Kids' Guide to Learning the Ukulele* and *Kids' Ukulele Songbook*. These books teach you how to play the ukulele and feature different songs. It's fun to learn multiple instruments!

Table of Contents

30 Songs to Learn & Play in 7 Lessons

Getting STARTED

In this section you'll learn:

♪ All about the piano

♫ How to sit relaxed
at the piano

♫ How to make piano fingers

♫ About the piano keys

♫ What the finger
numbers mean

About the PIANO

People have been playing the piano for a very long time because the piano is a very old instrument! The first pianos were built in Padua, Italy, during the 1600s and 1700s. It used to be named the "pianoforte," which meant "quiet-loud," because you can play the keys both softly and loudly.

You may have heard the names of some famous pianists and composers who played piano many years ago, such as **Wolfgang Amadeus Mozart**, **Clara Schumann**, and **Ludwig van Beethoven**. You may know of some popular contemporary pianists, such as **Martha Argerich**, **Ray Charles**, **Elton John**, **Billy Joel**, and the legendary jazz pianist **Fats Waller**.

There are a few types and sizes of pianos. A piano with a full keyboard has **88** keys, but a smaller keyboard usually has **61** keys. Here are a few common types:

Ludwig van Beethoven

Mozart

Elton John

Billy Joel

grand or baby grand piano

electric keyboard

upright or digital piano

Sitting at the Piano

If the piano you're playing has a bench, move the bench close enough to the keys that your elbows make corners. Try to sit with a straight(ish) back, but still relaxed.

1. **Fingers curved**
2. **Back straight**
3. **Elbows make corners**
4. **Wrists straight**
5. **Feet flat on the floor**

PRACTICE

Count backward from 5, switching from your hands on the keys to your hands on your lap with each count. Like this:

5	Hands on the keys
4	Hands on your lap
3	Hands on the keys
2	Hands on your lap
1	Hands on the keys

Hands on the keys

Hands on your lap

Piano Fingers

It helps to play piano with **curved fingers** instead of flat fingers. Here's a silly way to remember: We play with spider-leg fingers, not pancake fingers! And remember to keep your wrists and arms relaxed as you play.

SPIDER FINGERS (NOT PANCAKE FINGERS!)

How To Play

The Keys

Piano keys are the white and black buttons of the keyboard. When you push the keys down with your fingers, they each make a different sound. We call the row of keys the **keyboard**.

Do you notice the pattern of the black keys? They're in groups of 2 black keys and 3 black keys! Write how many black keys are in each group below:

_____ black keys _____ black keys _____ black keys _____ black keys

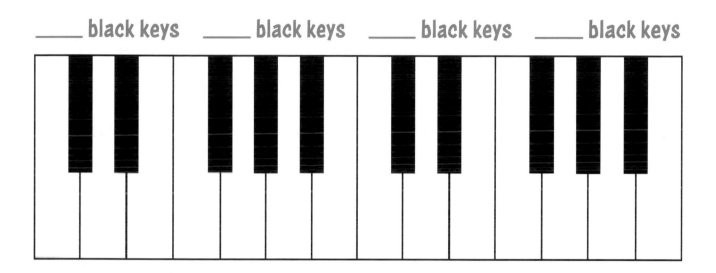

PRACTICE

Can you walk your fingers like a spider all along the keys? Remember to keep them curved, not flat like pancakes!

You will also play on the white keys. Let's turn them into a **RAINBOW!**

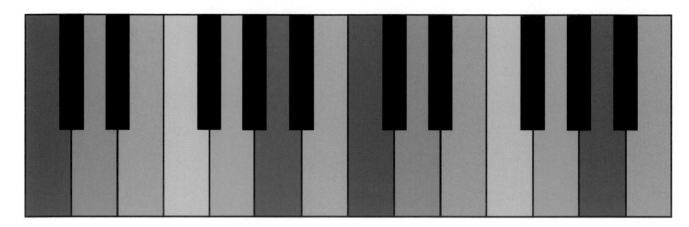

CHALLENGE

Name all the colors of the rainbow in order! Now say them backward!

Each key is named after a letter, starting with **A** and ending with **G**. You'll learn their names on page 38. They all have a unique sound called a **note**. When you press a key, it plays a note!

Once you get to **G**, the names of the keys repeat. Let's stick to the middle of the piano for now!

The Staff

When pianists need to know what note to play, they read a music **staff**. This is a group of lines and spaces that looks like this:

Staff

Staff with clefs

The lines and spaces all match with a key on the piano keyboard! See how the rainbow looks here:

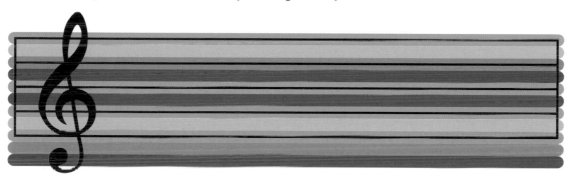

Look out for this music staff throughout the book so you can learn how to read music!

WHAT ARE THESE FUNNY SYMBOLS?

This is a **treble clef**. When you see this on a staff, it means to use your Right Hand.

This is called a **bass clef**. When you see this, use your Left Hand.

Finger Numbers

In piano, each finger has a number. Thumbs are always finger number 1 and pinkies are always finger number 5, then 2, 3, and 4 are the fingers in between!

PRACTICE

On each hand, wiggle one finger at a time and count from 1 (thumb) up to 5 (pinky).

Left and Right

It can be easy to mix up which hand you're supposed to play when you're learning piano. In this book, the Left Hand will be lime green and the Right Hand will be turquoise blue to help you remember which hand to use.

AN IDEA!

Tie a bracelet, watch, or string around your Left Hand to help you remember!

I painted my nails to match!

Finger Numbers Game

You'll need something small to toss like a coin, pom-pom, or an eraser. Put your book on the floor with this page open.

1. Toss the small object onto the page. See which hand and finger it lands closest to.
2. Wiggle that finger to get another turn. (Remember you need to wiggle the correct numbered finger on the correct hand!)
3. Play until you've tried every finger on both hands.

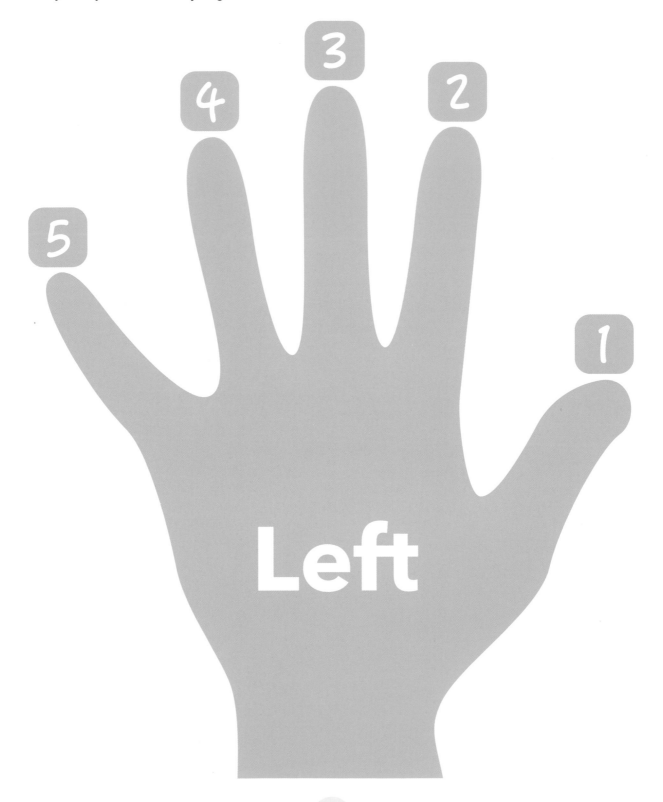

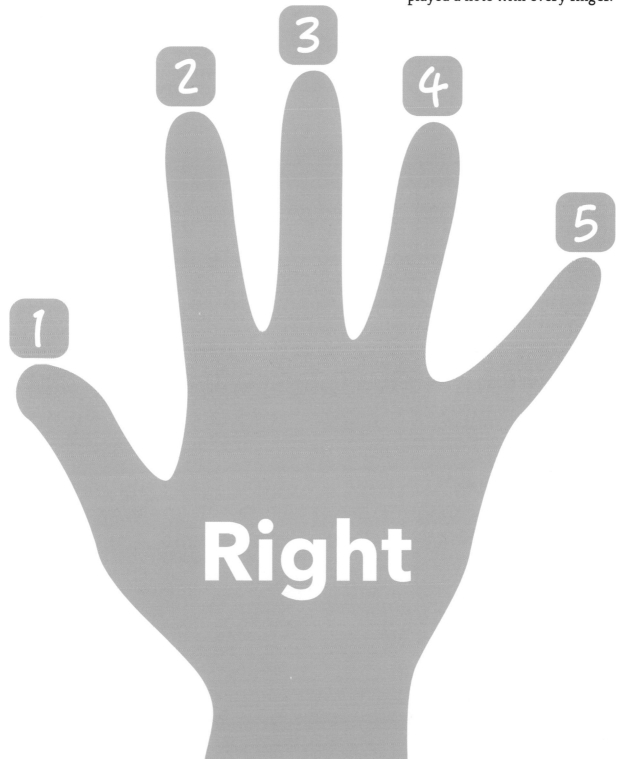

BONUS ROUND!

When your object lands on a number, play a key on the piano with that finger. (You can hit any key you want!) Try playing until you've played a note with every finger.

Practice Journal

Sometimes practicing is simple and calming, but other times it can be hard work. It helps to keep a journal about what you've been practicing and how you've been feeling about it.

HOW TO USE YOUR PRACTICE JOURNAL:

- Write the **song name** and **page number**
- Draw a **smiley face** in the box every time you practice the song
- Circle one of the **practice goals**

GUESS WHAT?

It's okay if sometimes you aren't able to reach your goals. Your practice journal can help you remember to celebrate when you do practice!

_____Emily_____'s Practice Journal

Practice Dates: _____

Song and Page:

	1	2	3	4	5	6	7	8	9	10
Bunny Fingers (34)	☺	☺	☺	☺	☺	☺	☺			

Circle this week's practice goal:

End of the week questions:

How I feel about practicing this week: 1 2 3 ④ 5   (1 = not great, 5 = awesome)

My favorite thing about practicing was _trying something new_

My biggest challenge this week was _hitting all the keys at the same time_

Practice Dates: _____

Song and Page:

	1	2	3	4	5	6	7	8	9	10

Circle this week's practice goal:

End of the week questions:

How I feel about practicing this week: 1 2 3 4 5   (1 = not great, 5 = awesome)

My favorite thing about practicing was _____

My biggest challenge this week was _____

21

PRACTICE GOALS

It also helps to choose one of these goals to focus on along the way!

Goal #1:
Play smoothly without stopping

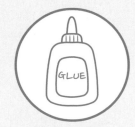

Goal #2:
Glue the song into your memory

Goal #3:
Sing along with a full voice

_____'s Practice Journal

Practice Dates: _____

Song and Page:	1	2	3	4	5	6	7	8	9	10

Circle this week's practice goal:

End of the week questions:

How I feel about practicing this week: **1   2   3   4   5**   (1 = not great, 5 = awesome)

My favorite thing about practicing was _____

My biggest challenge this week was _____

◇ ◇

Practice Dates: _____

Song and Page:	1	2	3	4	5	6	7	8	9	10

Circle this week's practice goal:

End of the week questions:

How I feel about practicing this week: **1   2   3   4   5**   (1 = not great, 5 = awesome)

My favorite thing about practicing was _____

My biggest challenge this week was _____

_____'s Practice Journal

Practice Dates: _____

Song and Page:	1	2	3	4	5	6	7	8	9	10

Circle this week's practice goal:

End of the week questions:

How I feel about practicing this week: **1   2   3   4   5**   (1 = not great, 5 = awesome)

My favorite thing about practicing was _____

My biggest challenge this week was _____

◇ ◇

Practice Dates: _____

Song and Page:	1	2	3	4	5	6	7	8	9	10

Circle this week's practice goal:

End of the week questions:

How I feel about practicing this week: **1   2   3   4   5**   (1 = not great, 5 = awesome)

My favorite thing about practicing was _____

My biggest challenge this week was _____

_____'s Practice Journal

Practice Dates: _____

Song and Page:	1	2	3	4	5	6	7	8	9	10

Circle this week's practice goal:

End of the week questions:

How I feel about practicing this week: 1   2   3   4   5   (1 = not great, 5 = awesome)

My favorite thing about practicing was _____

My biggest challenge this week was _____

⋄ ⋄

Practice Dates: _____

Song and Page:	1	2	3	4	5	6	7	8	9	10

Circle this week's practice goal:

End of the week questions:

How I feel about practicing this week: 1   2   3   4   5   (1 = not great, 5 = awesome)

My favorite thing about practicing was _____

My biggest challenge this week was _____

_____'s Practice Journal

Practice Dates: _____

Song and Page:	1	2	3	4	5	6	7	8	9	10

Circle this week's practice goal:

End of the week questions:

How I feel about practicing this week: **1   2   3   4   5**   (1 = not great, 5 = awesome)

My favorite thing about practicing was _____

My biggest challenge this week was _____

◇ ◇

Practice Dates: _____

Song and Page:	1	2	3	4	5	6	7	8	9	10

Circle this week's practice goal:

End of the week questions:

How I feel about practicing this week: **1   2   3   4   5**   (1 = not great, 5 = awesome)

My favorite thing about practicing was _____

My biggest challenge this week was _____

_____'s Practice Journal

Practice Dates: _____

Song and Page:	1	2	3	4	5	6	7	8	9	10

Circle this week's practice goal:

End of the week questions:

How I feel about practicing this week: 1 2 3 4 5 (1 = not great, 5 = awesome)

My favorite thing about practicing was _____

My biggest challenge this week was _____

◇ ◇

Practice Dates: _____

Song and Page:	1	2	3	4	5	6	7	8	9	10

Circle this week's practice goal:

End of the week questions:

How I feel about practicing this week: 1 2 3 4 5 (1 = not great, 5 = awesome)

My favorite thing about practicing was _____

My biggest challenge this week was _____

30 Songs
to Learn
& Play
in 7 Lessons

How to sing the songs
while you play:

sing the tune if you know it

or

create your own way of
singing the words

or

speak the words

or

any combination of singing
and speaking

LISTEN FIRST!

To listen and sing along to
some of these songs, visit
www.emilyarrow.com/
pianosongs

Middle C

Middle C is a special key that's in the middle of the piano keyboard. I even nickname it *magic* **middle C** because of how often we play it!

Now let's find the **middle C** on your piano keyboard. Sitting at your piano, **middle C** should be right in front of your belly button! It's a white key that's to the left of a pair of two black keys.

STICKER TIME

In this book, we'll use colorful stickers to help us learn the names of the piano keys. Let's put the first sticker on your keyboard!

Find the sticker page at the back of your book and find the **C** with a **square around the letter**.

Here's what your keyboard will look like up close:

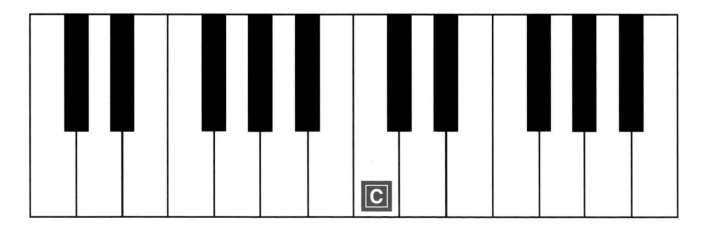

FORTE AND PIANO

In music, the word for playing loudly is *forte*. I like to think of a loud **bear** protecting its fort!

On the piano, press down harder on a key to play **louder** when you see the *f forte* symbol.

f

On the piano, press down harder on a key to play *louder.*

The word *piano* has another meaning besides the musical instrument. *Piano* also means to play music softly, like a **mouse**.

On the piano, press down lighter on a key to play **softer** when you see the *p piano* symbol.

p

On the piano, press down lighter on a key to play *softer.*

Middle C Song

How to Play: With the 1 finger (thumb) of your Right Hand, play the **middle C** note! When you see longer notes like these in a song C, can you guess how to play them? Since they are longer than the square notes, you'll **hold** them for **double the time!**

RIGHT HAND

1	1	1	1	1	1	1	1
C	C	C	C	C	C	C	C
Play	the	C	key,	mid-	dle	C	key

1	1	1	1	1	1	1
C	C	C	C	C	C	C
play	the	C	key	more,	more,	more!

f

1	1	1	1	1	1
C	C	C	C	C	C
Can	you	play	it	loud-	ly?

f

1	1	1	1	1	1
C	C	C	C	C	C
Loud-	ly	like	a	bear's	ROAR!

MIDDLE C ON A STAFF

The note for **middle C** is written as a circle in the middle of the 2 staffs. This is because it's flexible! **Middle C** can easily be played with your Right Hand and your Left Hand.

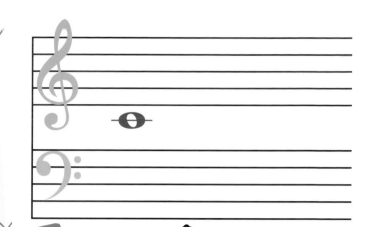

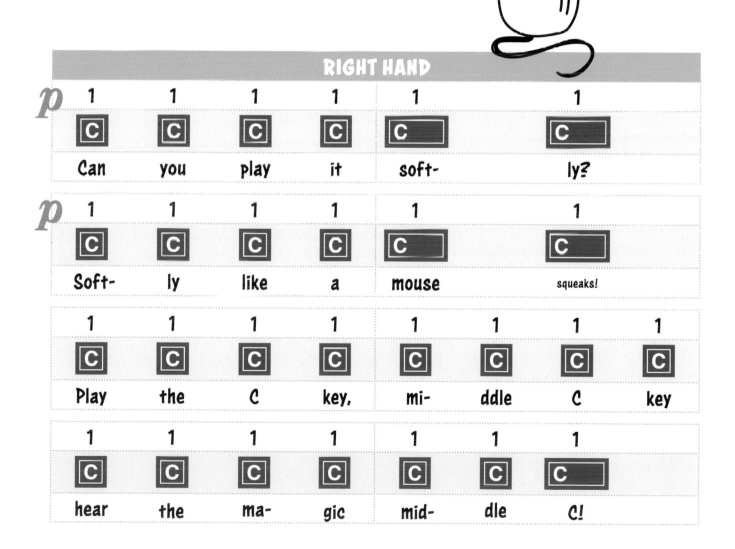

RIGHT HAND							
p 1	1	1	1	1	1		
C	C	C	C	C	C		
Can	you	play	it	soft-	ly?		
p 1	1	1	1	1	1		
C	C	C	C	C	C		
Soft-	ly	like	a	mouse	squeaks!		
1	1	1	1	1	1	1	1
C	C	C	C	C	C	C	C
Play	the	C	key,	mi-	ddle	C	key
1	1	1	1	1	1	1	
C	C	C	C	C	C	C	
hear	the	ma-	gic	mid-	dle	C!	

Rhythm and Beats on the Piano

Rhythm (say it like "ri-thum," sounds like *ribbon*) is how the pattern of beats in a song feels. **Beats** are the part of a rhythm we can count.

Clap and count the **beats** below to feel the **rhythm**! Notice how we use 4 beats? With piano, it's common to count with 4s!

1	2	3	4	1	2	3	4

PRACTICE THE BEAT

Hands	are	clap-	ping,	hands	are	clap-	ping,
keep	a	stead-	y	beat	beat	beat,	HEY!
Just	like	walk-	ing,	just	like	swing-	ing,
keep	a	stead-	y	beat	beat	beat,	YAY!

Think about the ways we use our bodies to move in a steady **beat** like walking, marching, or swinging back and forth on the swing set.

When you play piano, your fingers have to keep the **beat** steady and smooth. When you learn to play with a steady beat, then other people can easily sing and play instruments along with you!

Keep a Steady Beat

Now try playing a steady beat on the key **middle C**!

RIGHT HAND							
C	C	C	C	C	C	C	C
Don't	speed	up	and	don't	slow	down,	just
C	C	C	C	C	C	C	👏
keep	a	stead-	y	beat	beat	beat,	HEY!
C	C	C	C	C	C	C	C
Just	like	walk-	ing,	Just	like	swing-	ing,
C	C	C	C	C	C	C	👏
keep	a	stead-	y	beat	beat	beat,	YAY!

FUN FACT

Even your heart has a **rhythm**. Can you feel the beats? Put your hand on your heart and see if you can feel how fast or slow your heart is beating to find the rhythm.

Bunny Fingers

How to Play: Make bunny fingers with both of your hands. Now put each of your bunny fingers on pairs of **two black keys**. You can even try hopping around to different pairs!

WHAT'S THAT SQUIGGLE?

When you see the 𝄽 rest, it means to lift your fingers for a beat of "shh" or quiet.

LEFT HAND				RIGHT HAND			
Bun-	ny	fin-	gers	bun-	ny	fin-	gers
bun-	ny	fin-	gers	hop,	hop,	hop!	(shh!)
Bun-	ny	fin-	gers	bun-	ny	fin-	gers
bun-	ny	fin-	gers	hop,	hop,	hop!	(shh!)

Three Black Crows

How to Play: For this song, hold up the three fingers in the middle of your hands. Now find groups of **three black keys**. Pay attention to when your hands need to switch playing from your Left Hand to your Right Hand.

LEFT HAND			RIGHT HAND		
Three	black	crows	on	the	keys.
Three	black	crows	1	2	3
Three	black	crows	sing	and	play.
Three	black	crows	fly	a-	way!

At the end of the song, fly your fingers off the keys and up into the air!

5 Colorful Keys

The first 5 letters of the musical alphabet are **C**, **D**, **E**, **F**, and **G**. The colors will help you remember which keys to play on your keyboard!

C _____ _____ _____ _____ _____

PRACTICE

In uppercase letters, write the letters of the musical alphabet that come after C:

Sticker Time: In the back of your book, find the first five colorful key stickers that look like this:

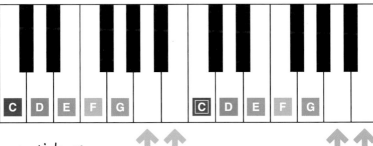

Sitting at the very center of the keyboard, put the stickers on the keys directly in front of you to match the keyboard below.

For now, don't put stickers on the two keys where the arrows are pointing.

LEARN MORE MUSICAL SYMBOLS!

In this next song, you will practice different notes and how long to hold them. Do you want to know more about them? On a staff, you see notes as **dots**. You can tell them apart by how they are **filled in** or **connected**!

Eighth notes

Quarter note

Half note

PRACTICE

Use finger number 2 (your pointer finger) to play each of the colorful keys going up from **C** to **G**. Start with your Left Hand, then use your Right Hand.

How To Play: When you see longer notes like this G , hold them for 2 beats!

LEFT HAND
| 2 | 2 | 2 | 2 | 2 | 2 |
| C | D | E | F | G | G |

RIGHT HAND
| 2 | 2 | 2 | 2 | 2 | 2 |
| C | D | E | F | G | G |

Now use finger number 2 (your pointer finger) to play downward from **G** to **C** with each hand.

LEFT HAND
| 2 | 2 | 2 | 2 | 2 | 2 |
| G | F | E | D | C | C |

RIGHT HAND
| 2 | 2 | 2 | 2 | 2 | 2 |
| G | F | E | D | C | C |

5 Colorful Keys Song

How To Play: When you see double notes like this DD, play them quicker. **Double speed!**

SAY: 1, 2, ready, play!

LEFT HAND						
2	2	2	2	2		2
C	DD	E	FF	G		G
Red,	orange,	pink,	yellow,	green,		green!

2	2	2	2	2	2	2
G	F	EE	D	C	C	C
Play	the	color-	ful	keys	and	sing!

Switch hands!

RIGHT HAND						
2	2	2	2	2		2
C	DD	E	FF	G		G
Red,	orange,	pink,	yellow,	green,		green!

2	2	2	2	2	2	2
G	F	EE	D	C	C	C
Play	the	color-	ful	keys	and	sing!

Have you added this song to your practice journal?

Neighbor Fingers and Home Keys

Neighbor fingers are when all five fingers are on the keys next to each other like next-door neighbors. Each finger has its own key, starting at the home key. The **home key** is the note that starts the row of neighbors. Home keys can be on any of the colorful keys! (Learn more about home keys on page 55.)

Left Hand Practice

How to Play: Your Left Hand is ready to play with neighbor fingers on the home key C. That means each finger is next to the other on their own key.

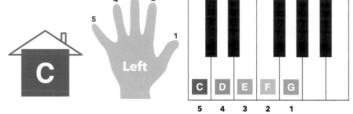

LEFT HAND					
5	4	3	2	1	1
C	D	E	F	G	G
Left	hand	fing-	er	neigh-	bors,
5	4	3	2	1	1
C	D	E	F	G	G
next	door	friends	and	neigh-	bors!

5	4	3	2	1	1	1
C	D	E	F	G	G	G
Play	from	key	to	key!	Go	from
1	2	3	4	5	5	
G	F	E	D	C	C	
house	to	house	to	home	key!	

Right Hand Practice

How to Play: Now it's your Right Hand's turn! Fingers are ready to play with neighbor fingers on the home key C.

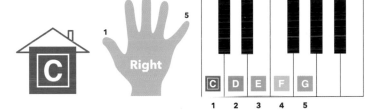

RIGHT HAND					
1	2	3	4	5	5
C	D	E	F	G	G
Right	hand	fing-	er	neigh-	bors,
1	2	3	4	5	5
C	D	E	F	G	G
next	door	friends	and	neigh-	bors!

1	2	3	4	5	5	5
C	D	E	F	G	G	G
Play	from	key	to	key!	Go	from

5	4	3	2	1	1
G	F	E	D	C	C
house	to	house	to	home	key!

How Are You, Kangaroo?

FUNNY QUESTION!

If you were a kangaroo, what activities do you think you'd like to do?

HELLO, RIBBIT THE FROG!

Ribbit helps us notice the **repeat** sign and tells us to *hop* back to the beginning of the song and **play it again**.

A repeat sign goes across a music staff. When you get to the repeat sign, it reminds you to jump back!

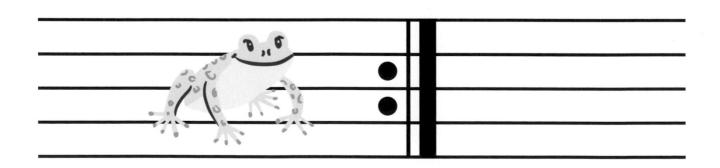

How to Play: Both hands are ready to play with neighbor fingers on the home key **C**, so each finger is next to the other on a key.

SAY: 1, 2, ready, play!

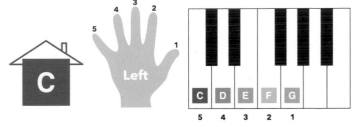

5	4	3		3	4	5
C	D	E		E	D	C
How	are	you,		kan-	ga-	roo?

4	4	5	4	3	3	3
D	D	C	D	E	E	E
How	are	you	this	aft-	er-	noon?

Switch hands!

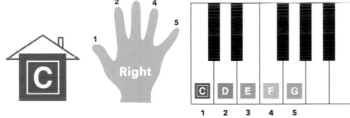

RIGHT HAND

1	2	3		3	2	1
C	D	E		E	D	C
How	are	you,		kan-	ga-	roo?

2	2	2	2	3	2	1
D	D	D	D	E	D	C
What's	your	favor-	ite	thing	to	do?

Going on a Bike Ride

I love to ride my bike, so I wrote a song about going on a bike ride. Sometimes I have to ride up big hills on my bike, so this song is supposed to sound like going up a hill when each note of the melody gets higher and higher.

How to Play: Remember to use your neighbor fingers, so each finger will have its own key.

SAY: 1, 2, ready, play!

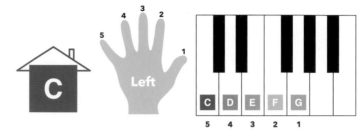

LEFT HAND					
5	4	3	2	1	1
C	D	E	F	G	G
Go-	ing	on	a	bike	ride,
5	4	3	2	1	1
C	D	E	F	G	G
ped-	al	up	the	hill-	side,

Switch hands!

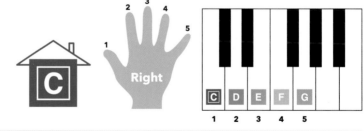

RIGHT HAND					
1	2	3	4	5	5
C	D	E	F	G	G
When	you're	at	the	top,	then
5	4	3	2	1	1
G	F	E	D	C	C
ped-	al	down	a-	gain!	AGAIN!

Skip Over the Clouds

Sometimes we skip a key instead of only playing neighbor keys. When you see a **cloud** on a key, that means you'll **skip that note**. The cloud is your clue to let that finger float instead of pressing down on the key.

How to Play: Look at the keyboards on pages 48 and 49 to find the clouds. The clouds will tell you which key you will skip over.

What is the letter name of the key you will skip with both hands? _____

~~~~~~

SAY: 1, 2, ready, play!

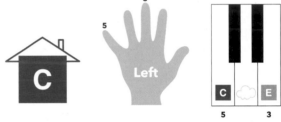

LEFT HAND					
5	5	3	5	5	3
C	C	E	C	C	E
Skip	a	key	when	you	see
5	5	3	5	5	5
C	C	E	C	C	C
there's	a	cloud	on	that	key!
5	5	3	5	5	3
C	C	E	C	C	E
Skip	a	key	don't	play	D!
5	5	3	5	5	5
C	C	E	C	C	C
There's	a	cloud	on	that	key!

RIGHT HAND

1	1	3		1	1	3
C	C	E		C	C	E
Skip	a	key		when	you	see

1	1	3		1	1	1
C	C	E		C	C	C
there's	a	cloud		on	that	key!

1	1	3		1	1	3
C	C	E		C	C	E
Skip	a	key		don't	play	D!

1	1	3		1	1	1
C	C	E		C	C	C
There's	a	cloud		on	that	key!

We Love Reading

I love to read! Do you love reading too? If you love reading and telling stories as much as I do, you might notice that a song is sort of like a story. And just like stories, songs can have different parts that we can label, or name. The **Verse** and the **Chorus** are two different parts of a song.

The **Chorus** has the same music and lyrics (words) every time it repeats. The **Verse** usually has the same music but different lyrics (words) each verse. Sing along!

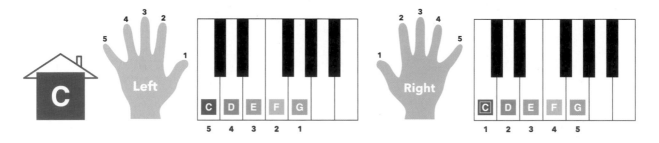

VERSE 1

LEFT HAND

5	3	1	1	5	3	1	1
C	E	G	G	C	E	G	G
I	love	read-	ing,	you	love	read-	ing,

5	3	1	1	2	3	4	
C	E	G	G	F	E	D	
we	love	read-	ing!	Ev-	ery	one!	

5	3	1	1	5	3	1	1
C	E	G	G	C	E	G	G
I	love	read-	ing,	you	love	read-	ing,

5	3	1	1	4	3	5	
C	E	G	G	D	E	C	
we	love	read-	ing!	Ev-	ery	one!	

CHORUS

RIGHT HAND

5	5	4	4	3	3	2
G	G	F	F	E	E	D
Books	can	take	us	an-	y-	where,

LEFT HAND

1	1	2	2	3	5	4
G	G	F	F	E	C	D
books	are	fun	to	read	and	share!

Flip the page!

VERSE 2

RIGHT HAND							
1	3	5	5	1	3	5	5
C	E	G	G	C	E	G	G
When	I'm	read-	ing,	when	I'm	read-	ing,
1	3	5	5	4	3	2	
C	E	G	G	F	E	D	𝄽
when	I'm	read-	ing,	I	feel	great!	
1	3	5	5	1	3	5	5
C	E	G	G	C	E	G	G
I	love	read-	ing,	you	love	read-	ing,
1	3	5	5	2	3	1	
C	E	G	G	D	E	C	
we	love	read-	ing!	Cel-	e-	brate!	

CHORUS

RIGHT HAND						
5	5	4	4	3	3	2
G	G	F	F	E	E	D
Books	can	take	us	an-	y-	where,

LEFT HAND							
1	1	2	2	3	4	5	
G	G	F	F	E	D	C	𝄽
books	are	fun	to	read	and	share!	

A & B Keys

Let's learn all 7 letters of the musical alphabet now! After the first 5 notes: C, D, E, F, and G, the musical alphabet starts over at **A** and **B**.

C
___ ___ ___ ___ ___ ___ ___

PRACTICE

In uppercase letters, write the next **6** notes of the musical alphabet:

Sticker Time: Find two sets of **A** and **B** stickers in the back of your book.

On your keyboard, add the **A** and **B** stickers after **both G** notes. Your keyboard will look like this once you've added both **A**s and **B**s:

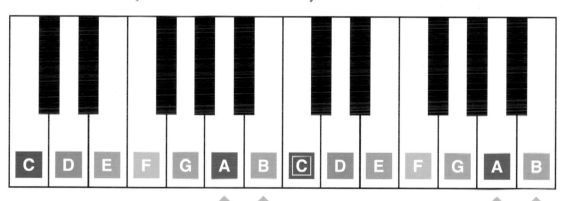

COLORFUL KEYS ON A STAFF

Let's see how these keys look when written down! Notes sit on a line or a space. As you move to the right on a keyboard, the notes are on the treble clef. As you move left, the notes are on the bass clef. Don't they create a pretty rainbow?

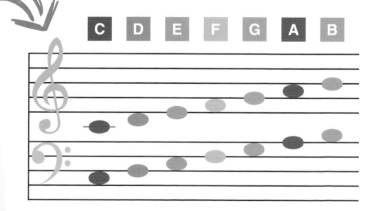

Pop! Pop! Pop!

How to Play: A B = play **A** and **B** at the same time.
When you see the new notes **A** and **B** stacked on top of
each other, that means to play them at the same time
with your 1 and 2 fingers.

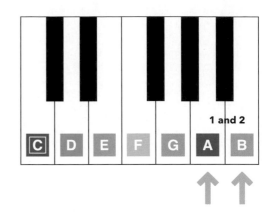

Left Hand (first time)

Right Hand (second time)

1 and 2	1 and 2	1 and 2		1 and 2	1 and 2	1 and 2	
A B	A B	A B	𝄽	A B	A B	A B	𝄽
Pop!	Pop!	Pop!	(shh!)	Pop!	Pop!	Pop!	(shh!)
1	1	2	2	3	3	3	
C	C	D	D	E	E	E	𝄽
Tin-	y	ker-	nel,	Pop!	Pop!	Pop!	(shh!)
1	1	2	2	3	3	3	
C	C	D	D	E	E	E	𝄽
Pop-	corn	in	the	pot,	pot,	pot!	
1	1	2	2	3	4	5	
C	C	D	D	E	F	G	𝄽
When	you	hear	it	stop,	stop,	stop!	
1 and 2	1 and 2	1 and 2	1 and 2	1 and 2	1 and 2	1 and 2	
A B	A B	A B	A B	A B	A B	A B	𝄽
Eat	some	pop-	corn	Pop!	Pop!	Pop!	(shh!)

More Sticker Time: After the Right Hand **A** and **B** stickers, add three more letters: **C**, **D**, and **E**. We'll need them later!

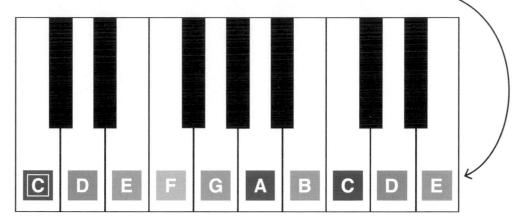

| C | D | E | F | G | A | B | C | D | E |

Home Keys Practice

Home keys can be on any of the colorful keys! In this book, we'll only play the keys **C**, **F**, **G**, and **A** as home keys.

5
Left

PRACTICE

Starting with your Left Hand, play the first home key **C** with your 5 finger (pinky). Then lift your hand to play the next home keys **F**, **G**, and **A**. Switch to your Right Hand 1 finger (thumb) and play all of the home keys again.

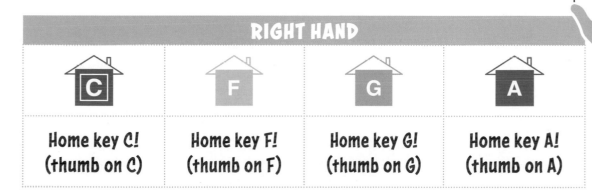

LEFT HAND

C	F	G	A
Home key C! (pinky on C)	Home key F! (pinky on F)	Home key G! (pinky on G)	Home key A! (pinky on A)

RIGHT HAND

C	F	G	A
Home key C! (thumb on C)	Home key F! (thumb on F)	Home key G! (thumb on G)	Home key A! (thumb on A)

1
Right

The Unicorn Flies

How to Play: Start with neighbor fingers on the home key C. Every time you see the unicorn, **jump with your whole hand** to fly like a unicorn, landing and ready to play on the next home key.

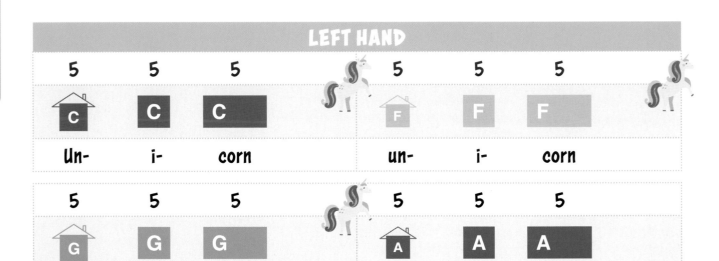

LEFT HAND

5	5	5		5	5	5	
C	C	C		F	F	F	
Un-	i-	corn		un-	i-	corn	

5	5	5		5	5	5	
G	G	G		A	A	A	
un-	i-	corn		fly	fly	fly!	

RIGHT HAND

1	1	1		1	1	1	
C	C	C		F	F	F	
Un-	i-	corn		un-	i-	corn	

1	1	1		1	1	1	
G	G	G		A	A	A	
un-	i-	corn		fly	fly	fly!	

C Rainbow Chord Songs

What are chords? When you play more than one key at the same time to make a special group of notes, it's called a **chord**. In this book, you'll learn how to play these four different colorful chords that I call **Rainbow Chords**! I call them Rainbow Chords because the colors of the rainbow will give you clues about which colorful keys to play.

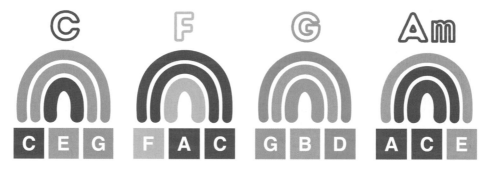

For the 3-key chords in this book, the pattern will always be:
white key–skip (cloud)–white key–skip (cloud)–white key

Here's an example:

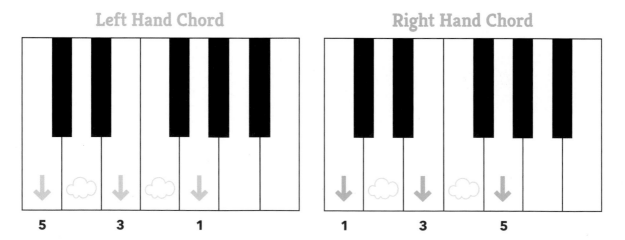

Chord Finger Numbers:
Left Hand: 5 and 3 and 1
Right Hand: 1 and 3 and 5

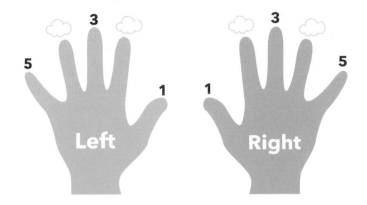

Our first Rainbow Chord is the C Chord! To make a Rainbow Chord, you will play all three of the colors in the rainbow at the same time. For the C Chord, play C, E, and G.

COLOR: With crayons or colored pencils, color the C Chord with the colors of the G, E, and C keys.

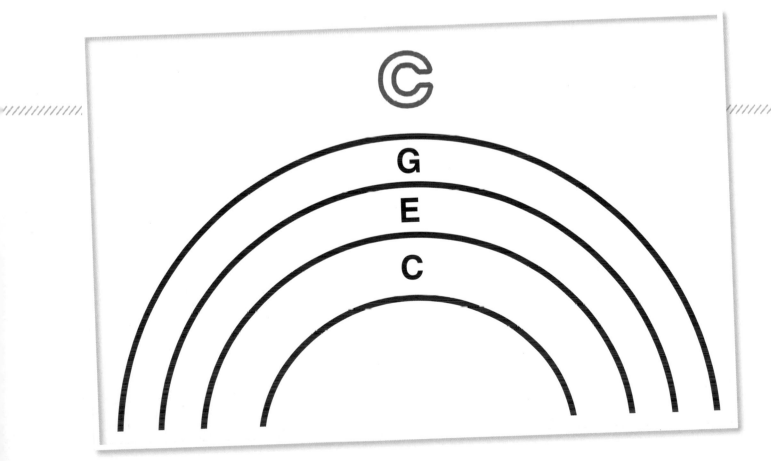

C Chord Song

Do you remember how songs are typically played in 4s? Here, you will play groups of 3 notes!

Left Hand Practice

How to Play: *Remember not to play the keys labeled with clouds!* If it helps, you can remove the D and F stickers from your keyboard.

PRACTICE: Play the C Chord 4 times with your Left Hand.

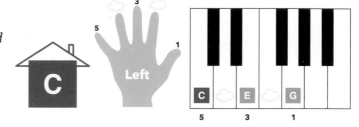

LEFT HAND					
5	3	1	5, 3, 1	5, 3, 1	5, 3, 1
C	E	G	🌈	🌈	🌈
C	E	G,	Rain-	bow	Chord,
5	3	1	5, 3, 1	5, 3, 1	5, 3, 1
C	E	G	🌈	🌈	🌈
red	pink	green,	Rain-	bow	Chord!
5	3	1	5, 3, 1	5, 3, 1	5, 3, 1
C	E	G	🌈	🌈	🌈
This	is	the	C	Chord	song,
5	3	1	5, 3, 1	5, 3, 1	5, 3, 1
C	E	G	🌈	🌈	🌈
I'll	play	and	sing	a-	long!

Right Hand Practice

How to Play: With neighbor fingers, put your thumb on the home key **C**. Remember not to play the keys labeled with clouds!

PRACTICE: Play the **C** **Chord** 4 times with your Right Hand.

 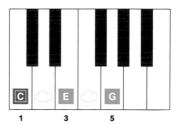

RIGHT HAND					
1	3	5	1, 3, 5	1, 3, 5	1, 3, 5
C	E	G	⌒	⌒	⌒
C	E	G,	Rain-	bow	Chord,
1	3	5	1, 3, 5	1, 3, 5	1, 3, 5
C	E	G	⌒	⌒	⌒
red	pink	green,	Rain-	bow	Chord!
1	3	5	1, 3, 5	1, 3, 5	1, 3, 5
C	E	G	⌒	⌒	⌒
This	is	the	C	Chord	song,
1	3	5	1, 3, 5	1, 3, 5	1, 3, 5
C	E	G	⌒	⌒	⌒
I'll	play	and	sing	a-	long!

Swinging Song

Just like swinging back and forth on a swing set, try to play this song with a steady beat.

Practice the Beat

| Clap! | Clap! | Clap! | Clap! | Clap! | Clap! | Clap! | SHH! |

How to Play: First, read the song with your eyes and notice the chords switch from your Left Hand to your Right Hand after just **two** beats.

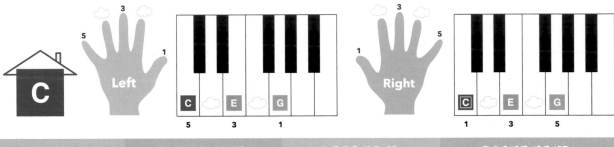

LEFT HAND		RIGHT HAND		LEFT HAND		RIGHT HAND	
5, 3, 1	5, 3, 1	1, 3, 5	1, 3, 5	5, 3, 1	5, 3, 1	1, 3, 5	
Swing-	ing,	swing-	ing	back	and	forth.	(shh!)
5, 3, 1	5, 3, 1	1, 3, 5	1, 3, 5	5, 3, 1	5, 3, 1	1, 3, 5	
Keep	a	stead-	y	beat	of	course!	(shh!)
5, 3, 1	5, 3, 1	1, 3, 5	1, 3, 5	5, 3, 1	5, 3, 1	1, 3, 5	
Swing-	ing	at	the	park	and	school.	(shh!)
5, 3, 1	5, 3, 1	1, 3, 5	1, 3, 5	5, 3, 1	5, 3, 1	1, 3, 5	
Swing-	ing	is	so	fun	and	cool!	(shh!)

Row, Row, Row Your Boat

Practice #1

Clap the **steady beat** while you sing the first lyrics of the song. Notice that you won't clap every word you sing, just clap on the words that match with the symbol.

| Clap! | Clap! | Clap! | Clap! | Clap! | Clap! | Clap! | Clap! |

| Row, | row, | row your | boat, | gently | down the | stream |

Practice #2

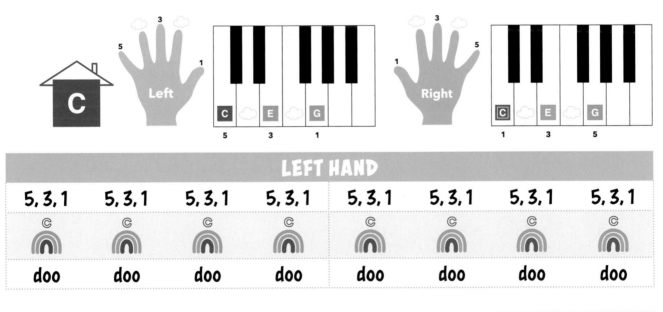

LEFT HAND

| 5, 3, 1 | 5, 3, 1 | 5, 3, 1 | 5, 3, 1 | 5, 3, 1 | 5, 3, 1 | 5, 3, 1 | 5, 3, 1 |
| doo | doo | doo | doo | doo | doo | doo | doo |

RIGHT HAND

| 1, 3, 5 | 1, 3, 5 | 1, 3, 5 | 1, 3, 5 | 1, 3, 5 | 1, 3, 5 | 1, 3, 5 | 1, 3, 5 |
| doo | doo | doo | doo | doo | doo | doo | doo |

How is your practice going? It's okay to try a song multiple times!

SAY: 1, 2, ready, play!

LEFT HAND							
5, 3, 1	5, 3, 1	5, 3, 1	5, 3, 1	5, 3, 1	5, 3, 1	5, 3, 1	
C	C	G	C	C	C	C	𝄽
Row,	row,	row your	boat,	gently	down the	stream.	
5, 3, 1	5, 3, 1	5, 3, 1	5, 3, 1	5, 3, 1	5, 3, 1	5, 3, 1	
C	C	C	C	C	C	C	𝄽
Merrily	merrily	merrily	merrily	Life is	but a	dream!	

RIGHT HAND							
1, 3, 5	1, 3, 5	1, 3, 5	1, 3, 5	1, 3, 5	1, 3, 5	1, 3, 5	
C	C	C	C	C	C	C	𝄽
Row,	row,	row your	boat	gently	down the	stream.	
1, 3, 5	1, 3, 5	1, 3, 5	1, 3, 5	1, 3, 5	1, 3, 5	1, 3, 5	
C	C	C	C	C	C	C	𝄽
Merrily	merrily	merrily	merrily	Life is	but a	dream!	

Puppies Play Piano

I love dogs. Do you love animals too? My dog is a rescue dog and is very special to me. I think my dog even loves music as much as I do!

Practice the Beat

The little purple arrow ⟶ means to hold the chord for another beat. Try playing a Rainbow Chord, and then holding it down for one more beat before playing the next chord.

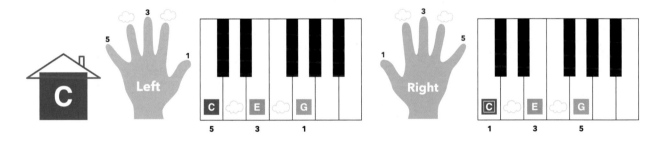

LEFT HAND					
5, 3, 1	5, 3, 1	5, 3, 1	5, 3, 1	5, 3, 1	5, 3, 1
doo-	ooo! doo-	ooo! doo	doo	doo	doo

C CHORD ON A STAFF

Remember how music notes sit on a staff? If you play multiple notes at once, these dots stack on top of each other! This is how the Ⓒ **chord** looks:

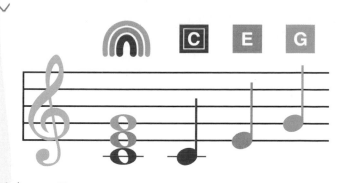

SAY: 1, 2, ready, play!

LEFT HAND							
5, 3, 1		5, 3, 1		5, 3, 1	5, 3, 1	5, 3, 1	5, 3, 1
Pup-	pies,	pup-	pies	play	pi-	an-	o!
5, 3, 1		5, 3, 1		5	3	1	
Pup-	pies,	pup-	pies	**C** woof	**E** woof	**G** woooof!	

RIGHT HAND							
1, 3, 5		1, 3, 5		1, 3, 5	1, 3, 5	1, 3, 5	1, 3, 5
Pup-	pies,	pup-	pies	play	pi-	an-	o!
1, 3, 5		1, 3, 5		1	3	5	
Pup-	pies,	pup-	pies	**C** woof	**E** woof	**G** woooof!	

Friendship Bracelets

Have you ever sung a song with a friend before? I love singing and playing music with my friends. This is a special song I wrote about making friendship bracelets for your friends!

How to Play: First, read the song with your eyes. There are both **colorful keys** and **Rainbow Chords**! Notice that you will be playing colorful keys with your Right Hand and Rainbow Chords with your Left Hand.

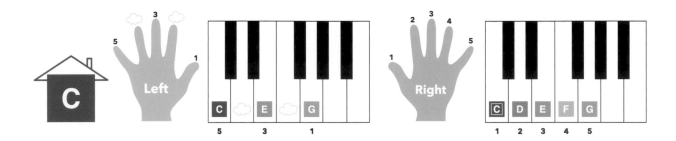

SAY: 1, 2, ready, play!

RIGHT HAND							
1	2	3	1	1	2	3	1
C	D	E	C	C	D	E	C
Friend-	ship	brace-	lets,	friend-	ship	brace-	lets,
3	4	5	5	3	4	5	
E	F	G	G	E	F	G	
one	for	you	and	one	for	me!	
5	5	3	1	5	5	3	1
G	G	E	C	G	G	E	C
Friend-	ship	brace-	lets,	friend-	ship	brace-	lets,
3	2	1		3	2	1	
E	D	C		E	D	C	
will	you	be		friends	with	me?	

LEFT HAND

5, 3, 1	5, 3, 1	5, 3, 1	5, 3, 1	5, 3, 1	5, 3, 1	5, 3, 1	5, 3, 1
Friend-	ship	brace-	lets,	friend-	ship	brace-	lets,

5, 3, 1	5, 3, 1	5, 3, 1	5, 3, 1	5, 3, 1	5, 3, 1	5, 3, 1	→
one	for	you	and	one	for	me!	

5, 3, 1	5, 3, 1	5, 3, 1	5, 3, 1	5, 3, 1	5, 3, 1	5, 3, 1	5, 3, 1
Rain-	bow	col-	ors,	rain-	bow	col-	ors,

5, 3, 1	5, 3, 1	5, 3, 1	→	5, 3, 1	5, 3, 1	5, 3, 1	→
will	you	be		friends	with	me?	

F Rainbow Chord Songs

F Chord

Let's learn our second Rainbow Chord! To play the F Chord, play the F, A, and C keys.

COLOR: With crayons or colored pencils, color the F Chord with the colors of the C, A, and F keys.

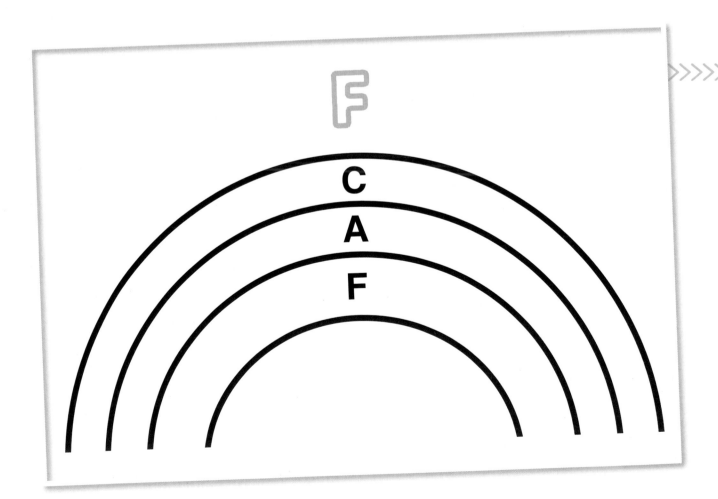

F CHORD ON A STAFF

Chords stack on a staff. But the notes have now shifted to match the keys you will be playing. This is how the F chord looks:

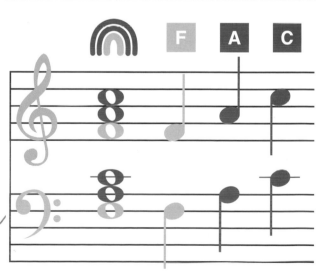

F Chord Song

Left Hand Practice

How to Play: *Remember not to play the keys labeled with clouds!* If it helps, you can remove the **G** and **B** stickers from your keyboard. Notice the home key **F** key is next to the group of three black keys. And your 1 finger (thumb) will actually play **middle C**!

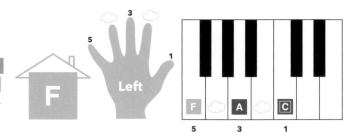

LEFT HAND					
5	3	1	5, 3, 1	5, 3, 1	5, 3, 1
F	**A**	**C**	🌈	🌈	🌈
F	A	C,	Rain-	bow	Chord,
5	3	1	5, 3, 1	5, 3, 1	5, 3, 1
F	**A**	**C**	🌈	🌈	🌈
yellow	blue	red,	Rain-	bow	Chord!
5	3	1	5, 3, 1	5, 3, 1	5, 3, 1
F	**A**	**C**	🌈	🌈	🌈
This	is	the	F	Chord	song,
5	3	1	5, 3, 1	5, 3, 1	5, 3, 1
F	**A**	**C**	🌈	🌈	🌈
I'll	play	and	sing	a-	long!

Right Hand Practice

How to Play: Notice that your right 5 finger (pinky) will play **C**, but it's **not middle C** with this hand. It's the higher **C** note, located over to the right.

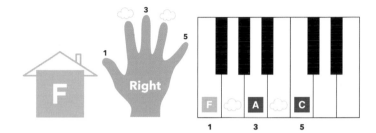

RIGHT HAND					
1	3	5	1, 3, 5	1, 3, 5	1, 3, 5
F	**A**	**C**	🌈	🌈	🌈
F	A	C,	Rain-	bow	Chord.
1	3	5	1, 3, 5	1, 3, 5	1, 3, 5
F	**A**	**C**	🌈	🌈	🌈
yellow	blue	red,	Rain-	bow	Chord!
1	3	5	1, 3, 5	1, 3, 5	1, 3, 5
F	**A**	**C**	🌈	🌈	🌈
This	is	the	F	Chord	song,
1	3	5	1, 3, 5	1, 3, 5	1, 3, 5
F	**A**	**C**	🌈	🌈	🌈
I'll	play	and	sing	a-	long!

Switcheroo

The Switcheroo means we'll practice switching from the Ⓒ Rainbow Chord to the Ⓕ Rainbow Chord! The goal is to move quickly and smoothly from one chord to the next, so no one would even hear that your hands are moving from place to place.

Practice the Beat

| Clap! | Clap! | Clap! | SHH! | Clap! | Clap! | Clap! | SHH! |

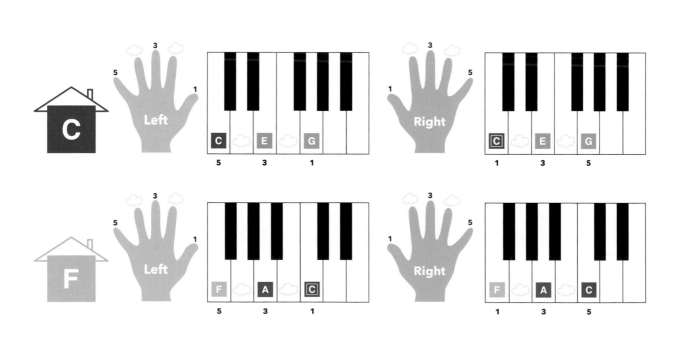

How to Play: When you see the word SWITCH! and the 𝄽 rest symbol, **lift and move** your hands to the other Rainbow Chord. Pay attention to the rainbows during the last 2 lines—there are multiple switches!

Left Hand Practice

LEFT HAND							
C	C	C	𝄽	F	F	F	𝄽
Start	on	C,	SWITCH!	F	is	new,	SWITCH!
C	C	C	𝄽	F	F	F	𝄽
that's	how	we	SWITCH!	switch-	er-	oo!	SWITCH!
C	C	F	𝄽	C	F	C	𝄽
Back	and	forth,	SWITCH!	on	the	keys,	SWITCH!
C	C	C	𝄽	C	F	C	𝄽
switch-	er-	oo!		C	F	C	YAY!

Right Hand Practice

RIGHT HAND							
C	C	C	𝄽	F	F	F	𝄽
Start	on	C,	SWITCH!	F	is	new,	SWITCH!
C	C	C	𝄽	F	F	F	𝄽
that's	how	we	SWITCH!	switch-	er-	oo!	SWITCH!
C	C	F	𝄽	C	F	C	𝄽
Back	and	forth,	SWITCH!	on	the	keys,	SWITCH!
C	C	C	𝄽	C	F	C	𝄽
switch-	er-	oo!		C	F	C	YAY!

Little Acorn

How to Play: This is a Verse/Chorus song, so there are two different parts. Notice that you'll **switch hands** when you move from the Verse to the Chorus.

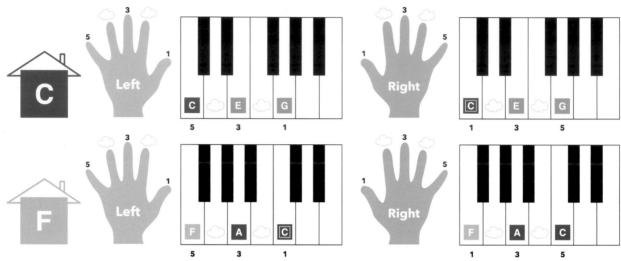

SAY: 1, 2, ready, play!

VERSE 1

LEFT HAND							
Ⓒ	Ⓒ	Ⓒ	Ⓒ	Ⓕ	Ⓕ	Ⓕ	Ⓕ
Lit-	tle	a-	corn,	lit-	tle	a-	corn,
Ⓒ	Ⓒ	Ⓒ	Ⓒ	Ⓕ	Ⓕ	Ⓕ	𝄽
lit-	tle	a-	corn	on	my	walk.	(shh!)
Ⓒ	Ⓒ	Ⓒ	Ⓒ	Ⓕ	Ⓕ	Ⓕ	Ⓕ
Lit-	tle	a-	corn,	lit-	tle	a-	corn,
Ⓒ	Ⓒ	Ⓒ	Ⓒ	Ⓕ	Ⓕ	Ⓕ	𝄽
lit-	tle	a-	corn	can	you	talk?	(shh!)

CHORUS

RIGHT HAND							
F	F	C	C	F	F	C	C
You'd	say	"hi"	if a	squirrel	walked	by,	oh

F	F	C	C	F	F	C	𝄽
lit-	tle	a-	corn,	you'd	say	"hi!"	(shh!)

VERSE 2

LEFT HAND							
C	C	C	C	F	F	F	F
Lit-	tle	a-	corn,	lit-	tle	a-	corn,

C	C	C	C	F	F	F	𝄽
lit-	tle	a-	corn	on	my	walk.	(shh!)

C	C	C	C	F	F	F	F
Lit-	tle	a-	corn,	lit-	tle	a-	corn,

C	C	C	C	F	F	F	𝄽
lit-	tle	a-	corn	you	CAN	talk!	(Yay!)

If you want to, repeat the Chorus again for fun!

77

Make A Pizza

How to Play: This is a Question-and-Answer song, so there are two different parts. First, sing the Question. Next, choose which one of the Answers to sing in response! (For the last one, choose your own topping!) Notice there aren't finger numbers on the song. Try to remember which ones to use!

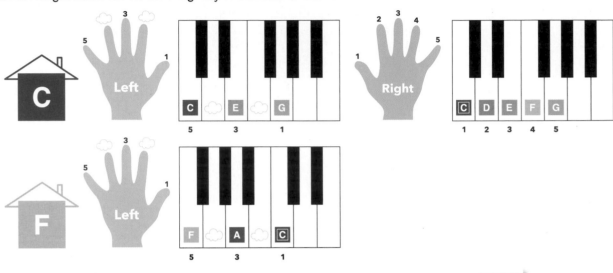

SAY: 1, 2, ready, play!

QUESTION

LEFT HAND							
F	F	C	C	F	F	F	𝄽
Make	a	piz-	za	Bop!	Bop!	Bop!	(shh!)
F	F	C	C	F	F	F	𝄽
What	will	go	on	top,	top,	top?	(shh!)

ANSWER

RIGHT HAND							
F	F	C	C	F	F	F	𝄽
1. I'll	put	cheese	on	top,	top,	top?	(shh!)
2. I'll	put	tomatoes	on	top,	top,	top?	(shh!)
3. I'll	put	peppers	on	top,	top,	top?	(shh!)
4. I'll	put	veggies	on	top,	top,	top?	(shh!)
5. I'll	put	_____	on	top,	top,	top?	(shh!)
F	F	C	C	F	C	D	E
1. I'll	put	cheese	on	top?	A-	gain	now . . .
2. I'll	put	tomatoes	on	top?	A-	gain	now . . .
3. I'll	put	peppers	on	top?	A-	gain	now . . .
4. I'll	put	veggies	on	top?	A-	gain	now . . .
5. I'll	put	_____	on	top?	A-	gain	now . . .

G Chord

Now let's learn our third Rainbow Chord, the Ⓖ Chord!
To play the Ⓖ Chord, play the G, B, and D keys.

COLOR: With crayons or colored pencils, color the Ⓖ Chord with the colors of the D, B, and G keys.

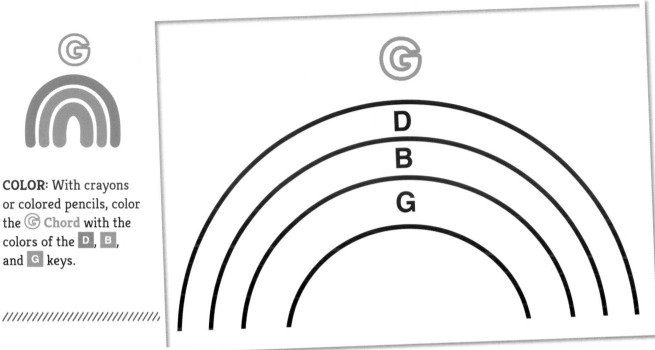

Left Hand Practice

How to Play: *Remember not to play the keys labeled with clouds!* If it helps, you can remove the A and C stickers from your keyboard.

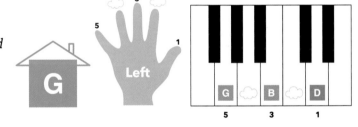

LEFT HAND					
5	3	1	5, 3, 1	5, 3, 1	5, 3, 1
G	B	D	Ⓖ 🌈	Ⓖ 🌈	Ⓖ 🌈
G	B	D,	Rain-	bow	Chord,
5	3	1	5, 3, 1	5, 3, 1	5, 3, 1
G	B	D	Ⓖ 🌈	Ⓖ 🌈	Ⓖ 🌈
green	purple	orange,	Rain-	bow	Chord!

5	3	1	5, 3, 1	5, 3, 1	5, 3, 1
G	B	D			
This	is	the	G	Chord	song,
5	3	1	5, 3, 1	5, 3, 1	5, 3, 1
G	B	D			
I'll	play	and	sing	a-	long!

Right Hand Practice

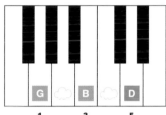

RIGHT HAND					
1	3	5	1, 3, 5	1, 3, 5	1, 3, 5
G	B	D			
G	B	D,	Rain-	bow	Chord,
1	3	5	1, 3, 5	1, 3, 5	1, 3, 5
G	B	D			
green	purple	orange,	Rain-	bow	Chord!
1	3	5	1, 3, 5	1, 3, 5	1, 3, 5
G	B	D			
This	is	the	F	Chord	song,
1	3	5	1, 3, 5	1, 3, 5	1, 3, 5
G	B	D			
I'll	play	and	sing	a-	long!

The Itsy Bitsy Spider

SAY: 1, 2, ready, play!

Left Hand (first time)

Right Hand (second time)

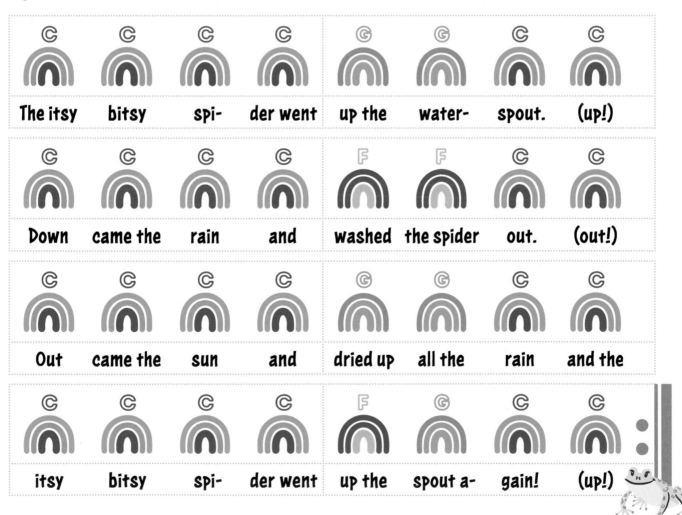

The itsy   bitsy   spi-   der went   up the   water-   spout.   (up!)

Down   came the   rain   and   washed   the spider   out.   (out!)

Out   came the   sun   and   dried up   all the   rain   and the

itsy   bitsy   spi-   der went   up the   spout a-   gain!   (up!)

Rhythm Lines

We can draw steady beats with **rhythm lines**. This will help you keep the beat when playing a song.

/   /   /   /

PRACTICE: Clap these 4-beat patterns of **rhythm lines**!

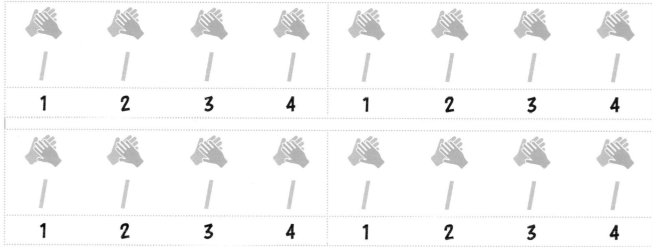

PRACTICE: Play these 4-beat patterns of Ⓒ Chord.

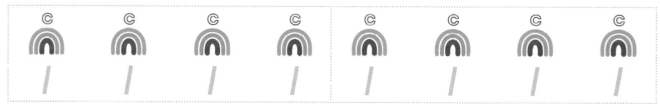

PRACTICE: Play these 4-beat patterns of Ⓒ and Ⓕ Chords.

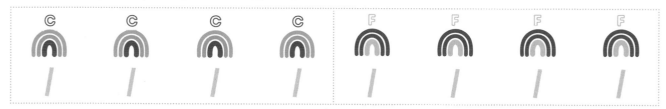

PRACTICE: Play these 4-beat patterns of Ⓒ and Ⓕ Chords. *Did you notice there aren't rainbows under the letters anymore? You can do it, though!*

Ⓒ   Ⓒ   Ⓒ   Ⓒ   Ⓕ   Ⓕ   Ⓕ   Ⓕ

/   /   /   /   /   /   /   /

Twinkle, Twinkle Little Star

SAY: 1, 2, ready, play!

Left Hand (first time)
Right Hand (second time)

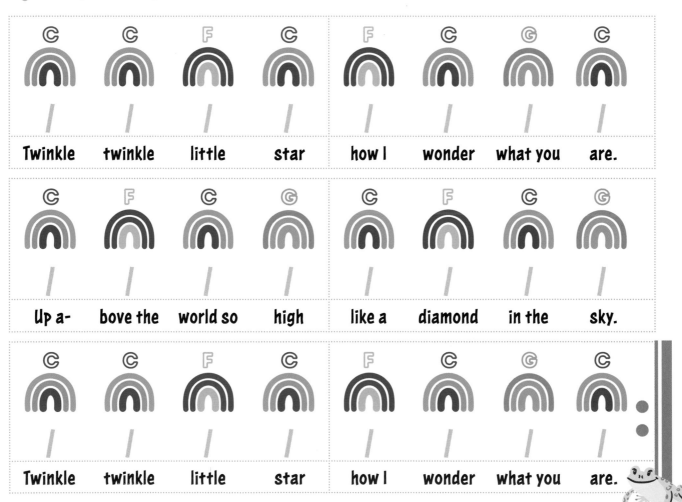

Now play the exact same song again, but instead
of looking at the colorful rainbow chords,
follow along with the **rhythm lines**.

Left Hand (first time)
Right Hand (second time)

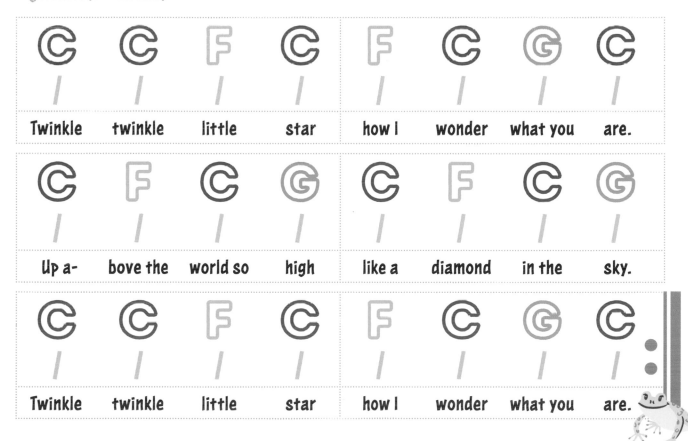

C	C	F	C	F	C	G	C
/	/	/	/	/	/	/	/
Twinkle	twinkle	little	star	how I	wonder	what you	are.

C	F	C	G	C	F	C	G
/	/	/	/	/	/	/	/
Up a-	bove the	world so	high	like a	diamond	in the	sky.

C	C	F	C	F	C	G	C
/	/	/	/	/	/	/	/
Twinkle	twinkle	little	star	how I	wonder	what you	are.

85

Am Chord

The last Rainbow Chord we'll learn is the **Am Chord**, or **A** minor. Minor chords mean they sound warmer or even a little sad. To play the **Am Chord**, play the **A**, **C**, and **E** keys.

COLOR: With crayons or colored pencils, color the **Am Chord** with the colors of the **E**, **C**, and **A** keys.

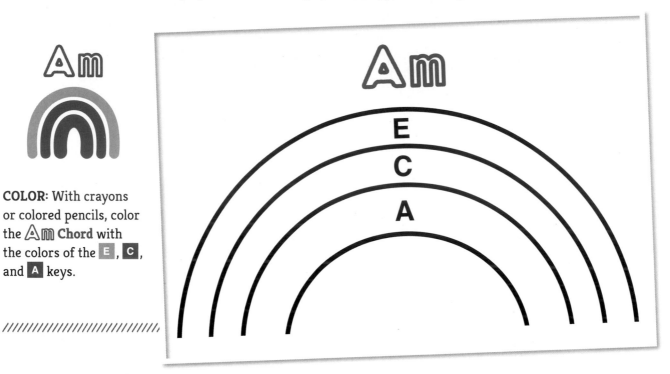

Left Hand Practice

How to Play: *Remember not to play the keys labeled with clouds!* If it helps, you can remove the **B** and **D** stickers from your keyboard.

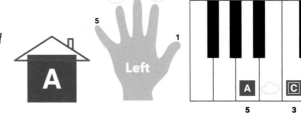

LEFT HAND					
5	3	1	5, 3, 1	5, 3, 1	5, 3, 1
A	C	E	Am	Am	Am
A	C	E,	Rain-	bow	Chord,
5	3	1	5, 3, 1	5, 3, 1	5, 3, 1
A	C	E	Am	Am	Am
blue	red	pink,	Rain-	bow	Chord!

5	3	1	5, 3, 1	5, 3, 1	5, 3, 1
A	C	E	Am	Am	Am
It's	the	A	min-	or	song,
5	3	1	5, 3, 1	5, 3, 1	5, 3, 1
A	C	E	Am	Am	Am
I'll	play	and	sing	a-	long!

Right Hand Practice

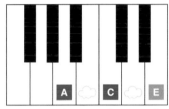

RIGHT HAND					
1	3	5	1, 3, 5	1, 3, 5	1, 3, 5
A	C	E	Am	Am	Am
A	C	E,	Rain-	bow	Chord,
1	3	5	1, 3, 5	1, 3, 5	1, 3, 5
A	C	E	Am	Am	Am
blue	red	pink,	Rain-	bow	Chord!
1	3	5	1, 3, 5	1, 3, 5	1, 3, 5
A	C	E	Am	Am	Am
It's	the	A	min-	or	song,
1	3	5	1, 3, 5	1, 3, 5	1, 3, 5
A	C	E	Am	Am	Am
I'll	play	and	sing	a-	long!

Pumpkin, Pumpkin, Ghost

How To Play: If there's no chord letter above the rhythm line, that means to play the same chord as before until the chord changes. For this song, begin on the F Chord and play it 4 times before switching to the Am Chord. Learn about the dot above the rhythm line on page 89!

SAY: 1, 2, ready, play!

Left Hand (first time)
Right Hand (second time)

F				Am			
/	/	/	/	/	≀	ᵈ	≀
Pum-	kin	pump-	kin	ghost!		Boo!	

F				Am			
/	/	/	/	/	≀	ᵈ	≀
Pum-	kin	pump-	kin	ghost!		Boo!	

F				G			
/	/	/	/	/	/	/	/
Pum-	kin	on	the	ground	but	still	the

Am				Am			
/	/	/	/	/	≀	ᵈ	≀
ghost	can-	not	be	found!		BOO!	

You can sing in your own style or listen to the recording at *www.emilyarrow.com/pianosongs* to sing along.

WHAT'S THAT DOT?

When you see a **dot** above or below a note (or rhythm line), it means to play it *staccato*. Staccato means "detached," because this note is played without blending it into another note. Instead, you play it super quick! Just a tap!

Pattern Party

Let's imagine we're having a party to celebrate all the chords you've learned! And to celebrate, we'll play lots of different patterns with the chords we've learned so far: C, F, G, and Am.

How To Play: Sing the Rainbow Chord letter names out loud each time you play them to help your mind remember these popular patterns! Circle the party hat next to the pattern when you've practiced enough times that the pattern feels steady.

Left Hand (first time)
Right Hand (second time)

PATTERN 1

C C F F C C F F

PATTERN 2

C C G G C C G G

PATTERN 3

C F G C C F G C

PATTERN 4

C F C G C F C G

PATTERN 5

C Am F G C Am F G

Double Patterns

Let's combine 2 patterns to make double patterns! Each double pattern begins with Ⓒ to help our ears know when the second pattern begins.

PATTERN 1 & 4

PATTERN 2 & 3

Choose a Pattern: Choose 2 patterns to make into your own double pattern. Write the Rainbow Chord names from the patterns on page 90. Remember that a Ⓒ will be at the beginning of the double patterns, so we know it's the start.

PATTERN ____ & ____

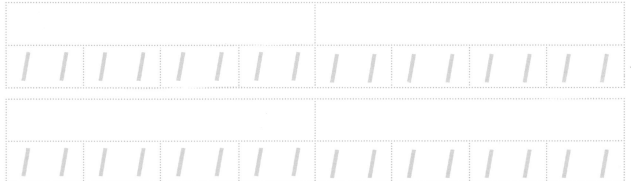

Mini Recital Songs

Now it's time to prepare a few songs to share! When musicians perform music for others, it's called a **recital**.

First, decide who you'd like to perform a mini recital for. You can choose friends, family, a pet, or even a stuffed animal!

Next, learn and practice the 5 mini recital songs to share with them. The goal is not to be perfect or to make no mistakes. **The goal is to have fun!** AND it's awesome to share the joy of music with people (or animals) you love.

Spend 1, 2, or 3 weeks practicing. Each week, choose new goals for yourself. Maybe you will even decide to glue the recital songs into your memory, so you won't need to look at your book during your recital. But don't worry—that's hard! You can still look at your music. It's your recital!

On the day of your mini recital, ask your friends or family to share some kind words with you afterward like: "I can tell you've been practicing a lot!" Ask them to tell you which song was their favorite and why. And don't forget to ask them to . . . sing along, of course!

PRACTICE JOURNAL

Don't forget to fill out your piano practice journal on page 20! If you need more entries, ask an adult to **photocopy** the page. Congrats on all your practice!

The Dinosaur Song

MINI RECITAL SONG #1

How To Play: This is an A/B song, so it has **two parts:** Part A and Part B. After you play Parts A and B, the instructions say to repeat Part A one more time! In Part A, notice that the Left Hand matches the chords played by the Right Hand. Reminder: Always use your 1, 3, and 5 fingers with your Right Hand.

SAY: 1, 2, ready, play!

PART A

LEFT HAND			RIGHT HAND			LEFT HAND			RIGHT HAND		
5	3	1	C	C	C	5	3	1	C	C	C
C	E	G	/	/	/	C	E	G	/	/	/
I	am	a	di-	no-	saur	I	am	a	di-	no-	saur
5	3	1	Am	Am	Am	5	3	1	Am	Am	Am
A	C	E	/	/	/	A	C	E	/	/	/
and	I	go	roar,	roar,	roar!	And	I	go	roar,	roar,	roar!
5	3	1	F	F	F	5	3	1	G	G	G
F	A	C	/	/	/	G	B	D	/	/	/
I	play	the	pi-	a-	no	with	my	big	di-	no-	toes!
5	3	1	C	C	C	5	3	1	C		
C	E	G	/	/	/	C	E	G	/	→	
I	am	a	di-	no-	saur,	and	I	go	ROAR!		

TRY SOMETHING NEW

When you repeat the song, try lifting your fingers to a new set of keys and playing the whole song lower or higher on the keyboard with the same notes. Do you remember where all the colorful keys are? How different does the song sound when you play in a different place on the keyboard?

PART B

LEFT HAND			
F	C	F	C
/ / /	/ / /	/ / /	/ →
Did you know	di- no- saurs	love mu-	sic too?
F	C	F	G
/ / /	/ / /	/ / /	/ /
Stomp like a	di- no- saur	if you	do too!

REPEAT PART A!

Roar!

95

A Ram Sam Sam

MINI RECITAL SONG #2

The song "A Ram Sam Sam" is a popular song for children in Morocco. Morocco is on the northwest coast of Africa, and this song is sung in Arabic. Practice pronouncing the lyrics and then play and sing along!

a ram sam sam (no meaning)

guli guli sounds like *goo-lee goo-lee* (tell me tell me)

a rafiq sounds like *uh raa-fee* (a friend)

LEFT HAND							
C				C			
/	/	/	→	/	/	/	→
A ram	sam	sam,	a	ram	sam	sam	guli
G				C			
/	/	/	/	/	/	/	→
guli	guli	guli	guli	ram	sam	sam,	a
C				C			
/	→		→	/	→		→
ra-		fiq	a	ra-		fiq	guli
F				C			
/	/	/	/	/	/	→	
guli	guli	guli	guli	ram	sam	sam.	

You can sing in your own style or listen to the recording at
www.emilyarrow.com/pianosongs to sing along.

C				C			
/	/	/	→	/	/	/	→
A ram	sam	sam,	a	ram	sam	sam	guli

G				C			
/	/	/	/	/	/	/	→
guli	guli	guli	guli	ram	sam	sam,	a

C				C			
/	→	/	→	/	→	/	→
ra-		fiq	a	ra-		fiq	guli

F				C			
/	/	/	/	/	/	/	→
guli	guli	guli	guli	ram	sam	sam.	

How to Play: When the instructions say Both, it means to play with your right and left hands at the same time! It can be a big challenge, so remember to practice many times until it feels smooth and simple.

BOTH

C				C			
/	/	/	→	/	/	/	→
ram	sam	sam,	a	ram	sam	sam	guli

G				C			
/	/	/	/	/	/	/	→
guli	guli	guli	guli	ram	sam	sam,	a

C				C			
/	→	/	→	/	→	/	→
ra-		fiq	a	ra-		fiq	guli

F				C			
/	/	/	/	/	/	/	→
guli	guli	guli	guli	ram	sam	sam.	

You Are My Sunshine

MINI RECITAL SONG #3

Have you heard this song before? If you haven't, you can visit *www.emilyarrow.com/pianosongs* to hear how the song goes. Then try singing along in your own style!

How to Play: This song has **two verses**. After you sing all the lyrics of the first verse by reading along the top row of words (black words), you'll start again and sing all the lyrics of the second verse (orange words). Use the **C** home key for the Right Hand.

SAY: 1. You are my . . . 2. The other . . .

LEFT HAND

C		→				→	
1. sun-	shine		my only	sun-	shine		you make me
2. day	when		I played pi-	an-	o		I dreamed I

F		→		C	→		
hap-	py		when skies are	gray			you'll never
played	it		on a	stage!			I played it

f

F		→		C		→	
know	dear		how much I	love	you		please don't
loud-	ly		*p* I played it soft-	ly			and then I

C	C	G	G	C	C	C	
take	my	sun-	shine a-	way!			→
played	it	eve-	ry	way!			

Special Song Ending: Play both hands at the same time.

RIGHT HAND

E	F	D	E	C	G	C

LEFT HAND

C	C	G	G	C	C	C	
							→

99

The Art Supplies

(to the tune of "Mary Had A Little Lamb")

MINI RECITAL SONG #4

How to Play: Play the song's introduction with just your Right Hand, playing the song's melody. You will be using the C home key. Then, play with your Left Hand (or choose to play the Rainbow Chords with both hands) and sing along!

SAY: 1, 2, ready, play!

RIGHT HAND

E	D	C	D	E	E	E	
1. Ga-	ther	all	the	art	sup-	plies	

D	D	D		E	G	G	
art	sup-	plies,		art	sup-	plies.	

E	D	C	D	E	E	E	E
Ga-	ther	all	the	art	sup-	plies,	it's

D	D	E	D	C		C	
time	to	make	some	art!		We'll . . .	

LEFT HAND

C		F		C			
/	/	/	/	/	/	/	→
2. need	some	pap-	er	and	some	glue,	
3. need	some	glit-	ter	and	some	string,	
4. need	some	mark-	ers	and	some	paint,	
5. when	we've	gath-	ered	our	sup-	plies,	
(Mar-	y	had	a	lit-	tle	lamb,	

G			G			C		
/	/		/	→		/		/
and	some	glue,				and	some	glue, we'll
and	some	string,				and	some	string, we'll
and	some	paint,				and	some	paint, we'll
all	of	the				art	sup-	plies,
lit-	tle	lamb,				lit-	tle	lamb,

C			F			C		
/		/	/		/	/		/ →
need	some	pap-	er	and	some	glue	to
need	some	glit-	ter	and	some	string,	to
need	some	mark-	ers	and	some	paint,	to
we	can	make	an	art	surp-	rise	for
(Mar-	y	had	a	lit-	tle	lamb,	whose

G			G			C		
/	/		/	/		/	→	→ /
make	some	art	to-	day!			We'll
make	some	art	to-	day!			We'll
make	some	art	to-	day!			We'll
all	our	friends	to-	day!			YAY!
fleece	was	warm	and	nice!)			

I Can Be a Rainbow

MINI RECITAL SONG #5

How to Play: Use the C home key for the Right Hand.

PRACTICE

Read the lyrics of the Chorus out loud as a poem:

*I can be a rainbow,
colorful and bright.
Even when it's cloudy,
I'm colorful inside!
Red and orange and
pink and yellow,
green and blue and
purple too!
Yes, I can be a rainbow,
and that's just what I'll do.*

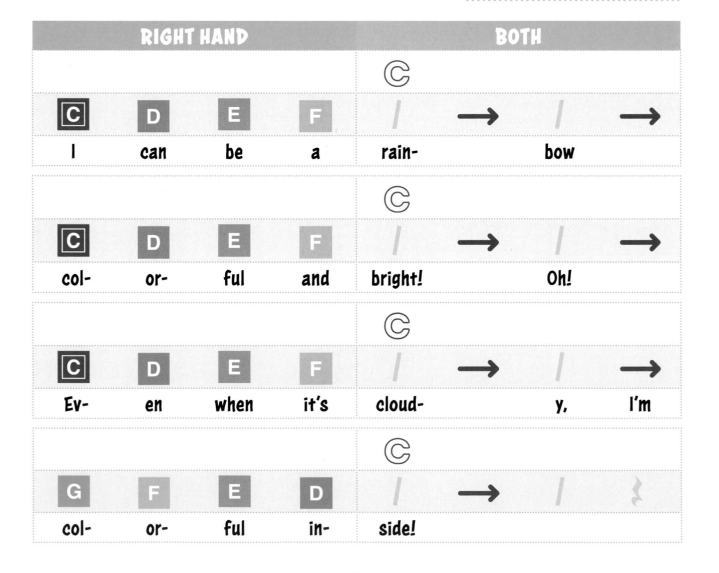

BOTH							
F				C			
/	/	/	/	/	/	/	/
Red	and	orange	and	pink	and	yel-	low
F				C			
/	/	/	/	/	/	/	/
green	and	blue	and	pur-	ple	too!	Yes

RIGHT HAND				BOTH			
				C			
C	D	E	F	/	→	/	→
I	can	be	a	rain-		bow	and
				C			
G	F	E	D	/	→	/	→
that's	just	what	I'll	do!			

Write Your Own Songs

Now that you know the 4 Rainbow Chords, it's time to try writing your own songs!

First, decide what your songs will be about. In the box below, doodle some ideas. For example, you could write a song about a favorite animal or object, something you like to do for fun, or a big feeling you have. Then circle the one you want to start writing first!

HOW TO FILL IN YOUR SONG:

1. Chords: Choose which chords to write above each of the lines: C, F, G, or Am.

2. Lyrics: Write the words of your song on the empty lines below the rhythm lines.

THE IDEAS BOX!

Song Title: _____

By: _____ Date: _____

LINE 1

LINE 2

LINE 3

LINE 4

LINE 5

Song Title: _____

By: _____ Date:_____

LINE 1

LINE 2

LINE 3

LINE 4

LINE 5

Song Title: _____

By: _____ Date: _____

LINE 1

LINE 2

LINE 3

LINE 4

LINE 5

Song Title: _____

By: _____ Date:_____

LINE 1

LINE 2

LINE 3

LINE 4

LINE 5

Song Title: _____

By: _____ Date: _____

LINE 1

LINE 2

LINE 3

LINE 4

LINE 5

Index

Rainbow Chord Flashcards

Tear out these chord cards along the perforated lines. Then use your cards to create patterns, to quiz yourself, and as quick reminders of how to play each chord.

C

C E G

F

F A C

G

G B D

Am

A C E

F
Chord

C
Chord

Chord

Chord

Colorful Key Stickers

Make learning to play easier with key stickers! Using the keyboard illustration below, place stickers on the keys of your piano or keyboard to help your fingers find the right spots when playing. Use the extra stickers to fill your keyboard or to save and use as the stickers wear out. You can replace them or leave them off as you memorize the keys.

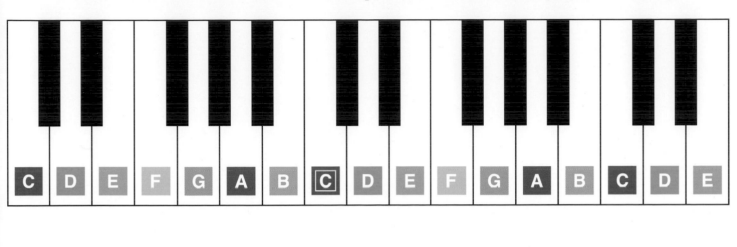

Left Hand:

C D E F G A B

Right Hand:

C C D E F G A B C D E

Extras:

C D E F G A B C D E

C D E F G A B C D E

C D E F G A B C D E

C D E F G A B C D E